Grüne
SMOOTHIES

Die besten Rezepte

99x GESUND, EINFACH, SCHNELL + LECKER

Das vorliegende Buch ist gewissenhaft erarbeitet worden. Dennoch erfolgen alle Angaben ohne Gewähr. Eine Haftung für eventuelle Nachteile oder Schäden, die aus den im Buch gemachten praktischen Hinweisen resultieren, kann weder vom Autor noch vom Verlag übernommen werden. Jegliche Haftung für Vermögens-, Personen- oder Sachschäden ist ausdrücklich ausgeschlossen.

Das Werk einschließlich aller seiner Teile ist urheberrechtlich geschützt. Jede Verwertung außerhalb der Grenzen des Urheberrechtsgesetzes ist ohne Zustimmung des Autors und des Verlages unzulässig und strafbar. Das gilt insbesondere für Vervielfältigungen, Übersetzungen, Mikroverfilmungen und die Einspeicherung und Verarbeitung in elektronischen Systemen.

Ein Auszug der besten Rezepte aus "Grüne Smoothies - 200 Rezepte" von Alice Anderson

Alice Anderson
Printed in Germany
Titelfoto: Terivirbickis, dreamstime.com, Innenseiten Foto: Tomboy2290, dreamstime.com
© 2015 Herstellung und Verlag: Books on Demand GmbH, Norderstedt

ISBN 9783734750380

Grüne Smoothies

Grüne Smoothies schmecken super und erfreuen sich nicht nur wegen ihrer gesunden Inhaltsstoffe einer immer größeren Beliebtheit. Mit grünen Smoothies ernähren Sie sich gesund, schnell und auch noch sehr einfach – denn selten sind mehr als ein paar frische Zutaten und Wasser nötig.

Bevor Sie mit dem Mixen anfangen, noch ein paar Tipps, die Ihnen bei der Zubereitung eines perfekten grünen Smoothies helfen werden:

- **Als Mixer empfiehlt sich ein Hochleistungsmixer mit einer ausreichenden Leistung und hoher Messergeschwindigkeit von ca. 18.000 - 30.000 Umdrehungen pro Minute. Mit solchen Mixern, wie Sie auch in der Gastronomie verwendet werden, zerkleinern Sie alle Zutaten zu Smoothies mit einer perfekt cremigen Konsistenz ohne verbleibende Stückchen.**

- **Gefrorene Zutaten – wie gefrorene Mangostücke, Spinat, Bananen, Beeren, etc. kühlen den Drink gleich während der Zubereitung herunter und verleihen ihm einen angenehm kühlen Geschmack.**

- **Generell besteht ein grüner Smoothie etwa aus 50% Obst, 50% grünen Blättern und Wasser nach belieben.**

- **Geben Sie zuerst die saftigen Obstsorten auf das Mixermesser damit beim Mixvorgang alle Bestandteile im Mixbecher besser vom Messer erfasst werden.**

- Da Sie viele Obstsorten ungeschält und mit Kerngehäuse verwenden können, sollten Sie nur Bio-Qualität verwenden. Obst und Salat sollten vor der Verwendung immer gewaschen werden!

- Die Wassermenge richtet sich nach Ihren Vorlieben. Am einfachsten ist es, den mit Obst und Blattgemüse gefüllten Mixbecher bis ca. zur Hälfte mit Wasser aufzufüllen. Nach dem ersten Mixvorgang erkennen Sie gleich, ob der Smoothie zu dick ist. Nun können Sie nach weiteres Wasser zugeben und noch einmal kurz aufmixen.

- Ist Ihnen ein Smoothie nicht süß genug, geben Sie einfach ein paar Weintrauben, eine Banane oder eine oder mehrere Datteln (ohne Stein) dazu und mixen erneut gut durch. Süßende Mittel wie Zucker, Honig oder Sirup sind nicht notwendig.

- Eine cremige Konsistenz des Smoothies ist nicht nur vom Mixer sondern auch von den Zutaten abhängig. Wenn Sie Banane, Birne, Mango oder Avocado als Zutat verwenden, erhalten Sie einen homogenen und cremigen Smoothie, der sich nicht schnell in eine feste und eine flüssige Schicht trennen wird.

- Für den Anfang empfiehlt sich die Verwendung von eher neutral schmeckendem Blattgemüse wie Spinat, Feldsalat oder Kopfsalat. Je nach Belieben können aber auch bittere und herzhafte Sorten wie Römersalat, Chircorée, Rucola usf. zugefügt werden.

Wandeln Sie die Rezepte nach Ihren Vorlieben ab und genießen Sie!

1. Kult-Klassiker

150g Babyspinat
1 Banane
1 Mango oder 1 Tasse gefrorene Mango
1 Orange
Wasser

2. Melone pur

Wassermelone (ca. Hälfte des Mixbechers)
1 Tasse gefrorene Mango
Mixer mit Salatkopf (Sorte je nach Belieben von neutral bis bitter) auffüllen
je nach Geschmack etwas Zitronensaft
Wasser

3. Sauer und süß

1 Tasse Mango (evtl. gefroren)
1 Tasse rote Johannisbeeren
1 Tasse schwarze Johannisbeeren
150 g Feldsalat
1 Tasse Apfelsaft
Wasser

4. Traubenfreude

1 Salatgurke mit Schale
2 Tassen Weintrauben (kernlos)
1 Kiwi
1 Orange
1 Apfel
Ein paar Salatblätter
1 kleines Stück Ingwer
Wasser

5. Grüne Energie

2 Birnen
2 Tassen Mangold
1 Banane (gefroren)
1 Apfel
Wasser mit einem Spritzer Zitronensaft

6. Kräuterkraft

2 Tassen Petersilie
2 Orangen
2 Tassen Mango (gefroren)
Wasser

7. Apfel und mehr

1 Tasse Erdbeeren (mit Grün)
1 Banane
150 g Spinat
1 Apfel
1 Tasse Apfelsaft
Wasser

8. Energietank

1 Tasse Kohl
2-4 Blätter Mangold (je nach Größe)
2 Äpfel
½ Zitrone (Saft oder Frucht ohne Kerne)
1 Tasse Mango (gefroren)
Wasser

9. Fitte Beeren

½ Salatkopf (Sorte je nach Belieben von neutral bis bitter)
1 Tasse Brombeeren
1 Tasse reife Johannisbeeren
2 Tassen Apfelsaft

10. Birne-Mangold-Smoothie

Mangold
2 Birnen
ein paar Weintrauben (kernlos)
1 Apfel
1 Banane (gefroren)
Wasser

11. Der Kraftmacher

1 Stange Sellerie
½ Salatkopf (Sorte je nach Belieben von neutral bis bitter)
1 Orange
1 Birne
1 Apfel
Wasser

12. Spinat-Power

200 g Spinat
1 Apfel
2 Bananen (gefroren)
1 Orange
1 kleines Stück Ingwer
Wasser

13. Minze und mehr

200g Spinat
Minze (Blätter von einem Zweig, ca. 8-10 St.)
2 reife Kiwis
1 Orange
2 Bananen (gefroren)
Wasser

14. Flüssige Power

½ Salatkopf (Sorte je nach Belieben von neutral bis bitter)
2 Äpfel
1 Orange
1 Mango
etwas Zitronensaft
Wasser

15. Beeren und Pfirsiche

½ Salatkopf (Sorte je nach Belieben von neutral bis bitter)
3 Pfirsiche
1 Aprikose
1 Banane (gefroren)
1 Hand voll Beeren (Johannisbeeren oder Brombeeren)
Wasser

16. Orangenglut

1 Salatkopf (Sorte je nach Belieben von neutral bis bitter)
1 Mango
2 Orangen
2 Mandarinen
1 Tasse Orangensaft
Wasser

17. Rote Beete ganz anders

Blätter einer roten Beete
2 Äpfel
2 Orangen
1 Tasse Erdbeeren (mit Grün)
Apfelsaft oder Wasser

18. Schnelle Power

5-6 Blätter Mangold
1 Dattel (ohne Stein)
2 Bananen
1 Orange
1 Apfel
Wasser

19. Pikante Überraschung

1 Bund Persilie
5 Blätter Salat
2 reife Kiwis
2 Tassen Mango (gefroren)
1 Apfel
Wasser

20. 3 x Beere + Banane

150g Spinat
1 Tasse Johannisbeeren
1 Tasse Heidelbeeren
1 Tasse Brombeeren
1 Banane
Wasser

21. Tropic

150g Feldsalat
½ Ananas
etwas Kokosmilch
2 Tassen Mango (gefroren)
1 Tasse Orangensaft
Wasser

22. Ananas und Traube

½ Salatkopf (Sorte je nach Belieben von neutral bis bitter)
½ Ananas
1 Banane
1 Apfel
1 Tasse Weintrauben (kernlos)
Wasser

23. Fruchtige Versuchung

150g Spinat
2 Birnen
2 Äpfel
2 Bananen
Wasser

24. Sauer macht lustig!

½ Salatkopf (Sorte je nach Belieben von neutral bis bitter)
2 Orangen
½ Zitrone (geschält, ohne Kerne)
1 Grapefruit (geschält, ohne Kerne)
1 Banane
Wasser

25. Feldsalat-Birne

150g Feldsalat
2 Birnen
2 Kiwis
1 Stückchen Ingwer
Wasser

26. Banane & Melone

100g Feldsalat
100g Spinat
2 Bananen
2 Tassen Wassermelone
1 Orange
Wasser

27. Red Red Red

Blätter einer Roten Beete
2-6 Blätter Radicchio
4 Tassen Erdbeeren
2 Tassen Apfelsaft
Wasser

28. Gurkenerfrischung

1 Salatgurke
1 Apfel
1 Orange
3 Birnen
Wasser

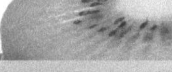

29. China-Dream

1 Pak Choi
1 Apfel
1 Dattel (ohne Stein)
1 Mango oder 2 Tassen gefrorene Mangostücke
1 Birne
Wasser

30. Der Winter kann kommen!

150g Feldsalat
10 Zwetschgen (ohne Stein)
1 Tasse Johannisbeeren
1 Banane
Wasser

1 Tasse = ca. 250 ml oder ¼ Liter

31. Cremiger Genuss

½ Avocado
3 Birnen
1 Pfirsich
1 Banane
Wasser

32. Blue Orange

150g Spinat
2 Tassen Heidelbeeren
2 Kiwis
1 Tasse Erdbeeren
1 Orange
Wasser

33. Papaya-Energie

150g Feldsalat
½ Papaya (ohne Kerne)
1 Banane
1 Tasse Mango (gefroren)

34. Zwetschgen fruchtig

150g Feldsalat
10 Zwetschgen (entsteint)
1 Banane
½ Zitrone (ohne Kerne)
1 Apfel
1 Tasse Mango (gefroren)
Wasser

35. China Mango

2 Tassen Chinakohl
1 Banane
1 Apfel
1 Orange
1 Tasse Mango
Wasser

36. Blaue Birne

1 Bund Löwenzahn
2 Tassen Heidelbeeren
2 Birnen
1 Orange
Wasser

1 Tasse = ca. 250 ml oder ¼ Liter

37. Birne Banane

½ Salatkopf (Sorte je nach Belieben von neutral bis bitter)
2 Birnen
½ Salatgurke
1 Apfel
1 Banane
Wasser

38. Honey

2 Tassen Chinakohl
4 Tassen Honigmelone
1 Orange
1 Apfel
Wasser

39. 1-2-3-Smoothie

½ Salatkopf (Sorte je nach Belieben von neutral bis bitter)
3 Birnen
1 Banane
2 Orangen
2 Pflaumen
Wasser

40. Wassermelone erfrischend

½ Salatgurke
4 Tassen Wassermelone
½ Zitrone (ohne Kerne)
1 Orange
1 Apfel
Wasser

41. Himmmmmmh...

½ Salatkopf (Sorte je nach Belieben von neutral bis bitter)
4 Kiwis
1 Tasse Himbeeren
1 Tasse Ananas
Wasser

42. Apfel-Himbeer

150g Spinat
50g Feldsalat
1 Apfel
2 Tassen Himbeeren
1 Banane
Wasser

1 Tasse = ca. 250 ml oder ¼ Liter

43. Birne, Birne, Birne

½ Salatkopf (Sorte je nach Belieben von neutral bis bitter)
3 Birnen
1 Apfel
1 Banane
1 Pfirsich
Wasser

44. Erdbeere mag jeder!

2 Tassen Chinakohl
2 Tassen Erdbeeren
1 Tomate
1 Tasse Weintrauben (kernlos)
1 Banane
Wasser

45. Gelb-Rot

150g Salatmischung
4 Tassen Melone
1 Banane
etwas Zitronensaft
Wasser

46. Colada

1 Pak Choi
½ Ananas
etwas Kokosmilch
Wasser

47. Sour cream

½ Salatkopf (Sorte je nach Belieben von neutral bis bitter)
½ Zitrone (Saft)
1 Orange
½ Avocado
1-2 Pfirsiche
Wasser

48. Beach Party

150g Salatmischung
2 Tassen Wassermelone
1 Apfel
1 Orange
1 Banane

1 Tasse = ca. 250 ml oder ¼ Liter

49. Orangen-Minze

150g Spinat

2 Tassen Mango (gefroren)

2 Äpfel

2 Orangen

2 Blätter Minze

50. Beerig mit Mango

150g Feldsalat

1 Tasse rote Johannisbeeren

1 Tasse schwarze Johannisbeeren

1 Tasse weiße Johannisbeeren

2 Tassen Orangensaft

2 Tassen Mango (gefroren)

Wasser

51. Stachelbeer

½ Salatkopf (Sorte je nach Belieben von neutral bis bitter)

1 Orange

2 Tassen Stachelbeeren

1 Tasse Orangensaft

Wasser

52. Erdbeer-Mangold

2 Tassen Mangold
2 Tassen Erdbeeren
1 Tasse Mango (gefroren)
1 Banane
1 Apfel
Saft einer halben Limette

53. Möhrengrün

Grün einer Mohrrübe
½ Salatkopf (Sorte je nach Belieben von neutral bis bitter)
1 Dattel (ohne Stein)
1 Tasse Weintrauben
1 Pfirsich
1 Banane
1 Orange
Wasser

54. Ampfer-Energy

1 Bund Sauerampfer
1 Apfel
1 Orange
2 Bananen (gefroren)
Wasser

55. Sellerie-Johannisbeere

½ Salatkopf (Sorte je nach Belieben von neutral bis bitter)
Blätter einer roten Rübe
1 Stange Sellerie
2 Tassen rote Johannisbeeren
1 Tasse schwarze Johannisbeeren
1 Banane
1 Feige
Wasser

56. Kiwi-Kohl-Smoothie

1 Tasse Kohl
2 Kiwis
2 Bananen
Wasser

57. Minz-Birne

3 Tassen Mangold
3 Tassen Ananas
3 Birnen
3 Blätter Minze
Wasser

58. Heidelbeer cremig

2 Tassen Mangold
2 Tassen Heidelbeeren
1 Banane
1 Birne
Wasser

59. Mango Mango

½ Salatkopf (Sorte je nach Belieben von neutral bis bitter)
1 Tasse Spinat
2 reife Mangos
1 Pfirsich
Wasser

60. Klassische Avocado

1 Avocado
1 Tasse Chinakohl
1 Birne
2 Bananen
Wasser

61. Fruchtig lecker!

150g Spinat
1 Orange
1 Tasse Erdbeeren
etwas Zitronensaft
1 Banane
Wasser

62. Einfach und schnell

1 Tasse Kohl
1 kleines Stückchen Ingwer
2 Tassen Orangensaft

63. Cool Coconut

½ Salatkopf (Sorte je nach Belieben von neutral bis bitter)
½ Avocado
½ Kokosnuss (Wasser und Kokosnussfleisch)
1 Orange
2 Tassen Mango (gefroren)
Wasser

64. Aufwand lohnt sich!

150g Babyspinat
½ Avocado
½ Limette (nur den Saft)
½ Salatgurke
1 Banane
1 Orange
2 Tassen Mango (gefroren)
10 Weintrauben
Wasser

65. Star

150g Babyspinat
1 Sternfrucht
2 Tassen Mango (gefroren)
1 Apfel
1 Orange
½ Banane
Wasser

1 Tasse = ca. 250 ml oder ¼ Liter

66. Apfel-Beeren

½ Kopf Salat
2 Tassen Beerenmischung (gefroren)
1 Apfel
1 Orange
Wasser

67. Everyday

½ Salatgurke
100g Feldsalat
1 Apfel
1 Banane
10 Weintrauben (kernlos)
1 Orange
Wasser

68. Einfacher Luxus

2 Tassen Chinakohl
2 Tassen Mango (gefroren)
½ Banane
Wasser

69. Black Berry

150g Salatmischung
2 Tassen Orangensaft
1 Tasse schwarze Johannisbeeren
1 Tasse rote Johannisbeeren
1 Tasse Erdbeeren
1 Birne
Wasser

70. Frozen Dream

2 Tassen Chinakohl
1 Tasse Weintrauben
2 Tassen Mango (gefroren)
1 Orange
Wasser

71. Kakipower

½ Salatkopf (Sorte je nach Belieben von neutral bis bitter)
2 Äpfel
2 Kakifrüchte
Wasser

72. Paradies

½ Eichblattsalat
2 Orangen
1 Tasse Johannisbeeren
1 Banane
Wasser

73. Sommer-Erfrischung

3 Tassen Chinakohl
½ Zitrone (geschält, ohne Kerne)
1 Apfel
2 Orangen
2 Tassen Mango (gefroren!)
Wasser

74. Grapefruit zum Frühstück

½ Salatkopf (Sorte je nach Belieben von neutral bis bitter)
1 Grapefruit (ohne Kerne)
2 Datteln (ohne Kerne)
2 Bananen
Wasser

75. Roter Blitz

1 Tasse rote Johannisbeeren
1 Tasse Himbeeren
1 Tasse Erdbeeren
1 Apfel
1 Orange
Wasser

76. Kakivariation

150g Feldsalat
1 Kakifrucht
2 Orangen
ein kleines Stückchen Ingwer
3 Blätter Minze
Wasser

77. Orange-Kiwi

3 Tassen Chinakohl
½ Papaya (ohne Kerne)
2 Orangen
1 Kiwi
etwas Zitronensaft
Wasser

78. Stachelbeer und Co.

2 Tassen Kohlblätter
2 Tassen Stachelbeeren
1 Orange
1 Tasse Apfelsaft
Wasser

79. Aprikosen-Versuchung

150g Spinat
3 Pfirsiche
5 Aprikosen
1 Tasse Johannisbeeren
Wasser

80. Mango genießen

½ Salatkopf (Sorte je nach Belieben von neutral bis bitter)
2 Mangos
½ Papaya (ohne Kerne)
½ Zitrone (geschält ohne Kerne)
Wasser

81. Vitaminbombe

100g gemischter Salat

etwas Brunnenkresse

2 Birnen

1 Apfel

1 Banane

Wasser

82. Coconut Kiss

150g Feldsalat

1 Kokosnuss (Kokoswasser und Fleisch)

1 Orange

1 Mango

Wasser

83. Kohl-Glück

2 Tassen Kohlblätter

2 Bananen

1 Orange

1 Kiwi

Wasser

1 Tasse = ca. 250 ml oder ¼ Liter

84. Pfirsich-Beschleuniger

½ Salatkopf (Sorte je nach Belieben von neutral bis bitter)
3 Pfirsiche
2 Kiwis
½ Zitrone (ohne Schale und Kerne)
1 Mango
Wasser

85. Cremig-Cool

½ Salatkopf (Sorte je nach Belieben von neutral bis bitter)
2 Pfirsiche
5 Blätter Minze
2 Aprikosen
1 Banane
Wasser

86. Honigmelone grün

150g Spinat
2 Orangen
2 Kiwis
½ Honigmelone (ohne Schale und Kerne)
Wasser

87. Kurz und gut!

150g Spinat
2 Äpfel
3 Tassen Mango (gefroren)
1 Orange

88. Vanille

½ Salatkopf (Sorte je nach Belieben von neutral bis bitter)
Mark von ½ Vanilleschote
2 Tassen Mango (gefroren)
2 Äpfel
2 Orangen
Wasser

89. Apfeltraum

½ Salatkopf (Sorte je nach Belieben von neutral bis bitter)
3 Äpfel
3 Bananen
Wasser

90. Melonendrink

100g Spinat
5 Tassen Wassermelone
½ Zitrone

91. Kaki-Mango

150g Feldsalat
1 Mango
1 Kakifrucht
2 Orangen
Wasser

92. Gurke-Ananas

½ Salatgurke
100g Feldsalat
3 Tassen Ananas
1 Banane
Wasser

93. Herbst-Vitamine

100g Feldsalat

50g Römersalat

5 Zwetschgen (entsteint)

2 Birnen

1 Apfel

½ Banane

Wasser

94. Power-Drink

1 Tasse Kohl

1 Bund Petersilie

1 Apfel

2 Orangen

1 Banane

1 Birne

Wasser

95. Ampel

½ Salatkopf (Sorte je nach Belieben von neutral bis bitter)

2 Tassen Erdbeeren

1 Mango

Wasser

96. Klassischer Wachmacher

½ Salatkopf (Sorte je nach Belieben von neutral bis bitter)
1 Banane
2 Pfirsiche
2 Aprikosen
2 Kiwis
Wasser

97. Mandarinen-Smoothie

½ Avocado
½ Salatgurke
2 Orangen
1 Apfel
2 Mandarinen
1 Tasse Mango (gefroren)

98. Die Mischung macht's!

½ Salatkopf (Sorte je nach Belieben von neutral bis bitter)
2 Tassen Beerenmischung (gefroren)
2 Äpfel
1 Banane
Wasser

99. Birne pur!

150g Feldsalat
1 Apfel
1 Orange
3 Birnen
Wasser

Weiterführende Literatur:

Sommer, Ian:
Grüne Smoothies, einfach schlank: Endlich ohne Hunger abnehmen!
ISBN 978-3735722157

Anderson, Alice:
Grüne Smoothies – 200 Rezepte
ISBN 978-3735736505

Boutenko, Victoria:
Grüne Smoothies

100. Mein eigenes Lieblingsrezept